Hoe verkoop je tweedehands Boeken op Amazon

Leer hoe je meer dan $ 10.000 per maand kunt verdienen Goedkope, tweedehands boeken online vinden en deze aan Amazon verkopen zonder marketing

Een nieuwe duurzame bijverdienste van 6 cijfers voor de gewone mens in slechts 1 à 2 uur per dag

Door
Bolakale Aremu

Copyright © AB Publisher LLC

Alle rechten voorbehouden
ISBN: 9798321231036

Uitgegeven in de Verenigde Staten
Beperking van aansprakelijkheid/garantie-uitsluiting

Alle informatie in dit boek is gebaseerd op mijn eigen onderzoek en vormt geen financieel advies. De auteur en uitgever kunnen niet aansprakelijk worden gesteld voor de gevolgen van ondernomen acties, of voor de gevolgen van niet-handelen, als direct of indirect gevolg van de informatie in dit boek. Alle informatie wordt gebruikt op eigen risico. Het alleen lezen van dit boek betekent niet dat er geld op uw bankrekening wordt bijgeschreven. Aan alle zakelijke transacties zijn risico's verbonden. Ik ken uw achtergrond niet, ik weet zelfs niet of u hiermee iets gaat doen. Ik kan dus niet beloven dat u het exacte bedrag gaat verdienen dat u hier ziet, maar ik kan wel beloven dat dit het beste is wat ik ooit heb gezien wat betreft het percentage mensen waarvoor het gelukt is. Hoewel alle inhoud is gecontroleerd op nauwkeurigheid, mag de informatie in dit boek of in een van de links niet worden gebruikt zonder eerst technisch, professioneel en marketingadvies in te winnen. Iedereen die advies nodig heeft, dient een onafhankelijke adviseur te raadplegen. De auteur van dit boek is niet aansprakelijk of verantwoordelijk voor andere websites of diensten waarnaar of waarvan een link is opgenomen. Het is verboden om delen van dit boek te kopiëren in welke vorm of medium dan ook. Het is verboden dit boek door te verkopen.

Inhoudsopgave

Inleiding 5

Dit zijn wat resultaten 7

Wat heb ik nodig om te beginnen 13

Kan ik dit overal ter wereld doen 14

Methode 1 Overzicht 15

Methode 2 Overzicht 17

Hoe krijgen producten dat kleine Prime-logo 18

Het genereren van opbrengst 20

Een specifiek voorbeeld 21

Schermafbeelding met verkopen 24

We gaan er wat dieper op in 26

Goedkope boeken zoeken om snel door te verkopen 28

Onze software helpt om zeer snel winstgevende boeken te vinden 29

Je hoeft geen boek te zien of aan te raken 31

Je kunt de hele methode uitbesteden 33

Nog een voorbeeld waarbij je winst op een boek kunt maken 34

Een methode waarbij je bijna geen risico loopt ... 38

Wat als de handelsprijzen op en neer gaan 39

Het is te mooi om waar te zijn, waarom doet Amazon dit 41

We vinden zelfs goedkopere boeken buiten Amazon 42

Je kunt ook ergens anders boeken inruilen 43

Hoe krijgen we betaald voor onze inruil 44

Hoe wissel je Amazon-cadeaubonnen om voor geld 46

Hoe vinden we boeken om in te ruilen 47

Hoe kun je je bij ons aansluiten 49

Inleiding

In dit boek laat ik bewijs zien van mensen die veel geld hebben verdiend met dezelfde techniek die we al sinds 2019 gebruiken. Het is een soort online boekenarbitrage die nooit verzadigd kan raken. Het is iets dat nog steeds werkt en veel geld opbrengt voor veel mensen, vooral voor absolute beginnelingen. Dit komt omdat het echt niet te maken heeft met technische of voorkennis.

Zo lang je internet en een computer hebt, kun je [dit alleen doen](https://jvz8.com/c/1092163/303337) (https://jvz8.com/c/1092163/303337) door deze handleiding te volgen, of je kunt [je bij ons aansluiten en beginnen met verkopen binnen onze community](https://ps.carbon6.io/tpfv8d5cp59t) (https://ps.carbon6.io/tpfv8d5cp59t). Het maakt niet uit waar je woont, ik wil gewoon laten weten dat je deze strategie kunt gebruiken.

Als je dit boek uitleest, niet wordt afgeleid, goed oplet en jezelf de kans geeft om dit te leren, en uiteindelijk actie onderneemt (1 tot 2 uur werk per dag) beloof ik je dat je minstens $ 10.000 per maand kunt verdienen.

Ik ga vertellen hoe absolute beginnelingen veel geld hebben verdiend door een of twee van onze methoden te gebruiken. Voor deze methoden is marketing niet nodig. Dit is best wel raar voor een community die alleen maar over internetmarketing gaat, maar je hebt eigenlijk geen marketing nodig.

Je hebt geen SEO, advertenties op Facebook of Google, blogs of contentmarketing nodig. Het is geen affiliate- of multilevelmarketing. Je hoeft niets te programmeren en geen e-mails te versturen. Je hebt geen eigen website nodig. Ik denk dat je nu wel hebt begrepen dat dit anders is.

Onze strategie heeft zo veel succesverhalen opgeleverd. Ik heb er nog nooit zo veel gezien. Dit is echt een unieke strategie die alleen in onze eigen community wordt geleerd en onze cursisten hebben er veel succes mee.

Dus als je een superdruk leven hebt en je vindt marketing helemaal niets, weet dan dat onze strategie geen marketing nodig heeft en dat je online een goed inkomen kunt verdienen. Je kunt hier zelfs een bedrijf mee opzetten, alhoewel het slechts een strategie en methode zijn die werken.

Kortom, deze strategie is een echte eyeopener. Het zijn dingen die je kunt doen door een vraag in de markt te zoeken en dan een eenvoudige manier vinden om aan die vraag te voldoen tegen een geweldige winst.

Ik doe al bijna 20 jaar zaken online en ik heb nog nooit iets gezien dat zo goed werkt als dit. Dus ik wil het je graag laten zien. Dit is in feite de eerste keer dat we deze methode openbaar maken. Ik vind het geweldig. Voordat we aan de slag gaan, gaan we eerst iets anders doen.

We gaan wat resultaten bekijken zodat je kunt zien wat er mogelijk is met deze methoden. Ik wil je laten zien hoeveel geld je zou kunnen verdienen zodat je dit ook geweldig gaat vinden.

Dit zijn wat resultaten

We beginnen met Andrew uit onze community. Hieronder zie je een schermafbeelding die hij naar onze Facebook-groep heeft gestuurd.

Zoals je in de afbeelding kunt zien, zegt hij dat dit zijn beste 30 dagen zijn. Hij heeft deze maand voor $ 97.000 verkocht.

Ik wil nog één ding opmerken. Vaak zie je veel getallen, vooral als je kijkt naar bedrijven zoals Shopify, dropshippers of andere bedrijven, en je ziet dat er gepraat wordt over verkoopcijfers. Verkoopcijfers zeggen helemaal niets, toch? Het gaat om *winst.*

Bij onze methoden is ongeveer 50 - 60% wat je ziet nettowinst. Dus Andrew heeft deze ene maand zo'n $ 50.000 tot $ 60.000 winst gemaakt. Hou dat in gedachten.

In zijn beste week heeft hij voor ongeveer $ 39.000 verkocht.

Deze methode is enorm winstgevend zoals je gaat zien. Al deze mensen hebben trouwens exact dezelfde informatie gezien die jij nu gaat zien en ze hadden enorm veel succes.

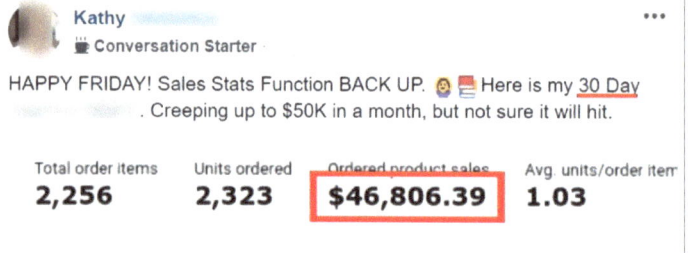

Kathy heeft in 30 dagen voor $ 46.000 verkocht, dus bijna $ 25.000 winst in één maand. Reken maar uit. Dit betekent een verkoop van $ 560.000 in een jaar tijd. Dat is veel geld.

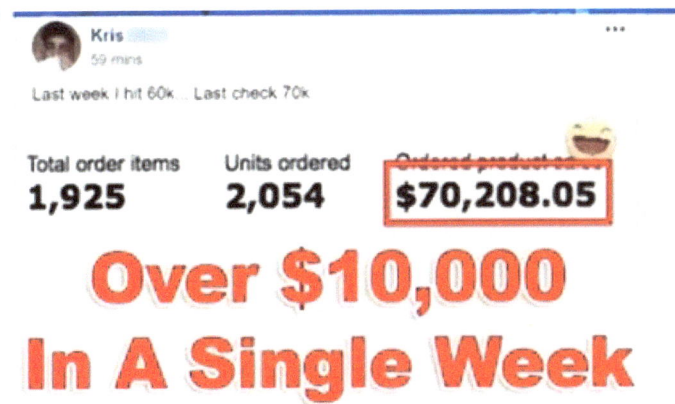

Dit was ook best cool voor Kris. $ 10.000 in één week. Hij heeft al voor $ 70.000 verkocht, dus dat is heel veel voor één week.

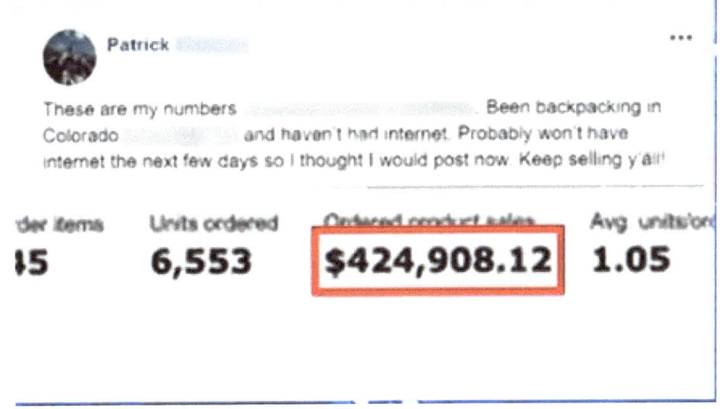

En wat vind je hiervan? Patrick is net afgestudeerd en reist de wereld rond. Omdat hij veel reist, heeft hij niet veel tijd om te werken, maar kijk eens naar zijn cijfers in bovenstaande schermafbeelding.

Hij heeft al voor meer dan $ 424.000 verkocht. Hij is op weg om dit jaar meer dan een miljoen dollar te verdienen.

Dit zijn trouwens allemaal posts in onze Facebook-groep. Dus tegen de tijd dat je dit boek hebt uitgelezen, weet je hoe je in contact met ze kunt komen en verifiëren of dit klopt. Deze mensen zijn echt, ze doen zaken en je kunt met ze in contact komen.

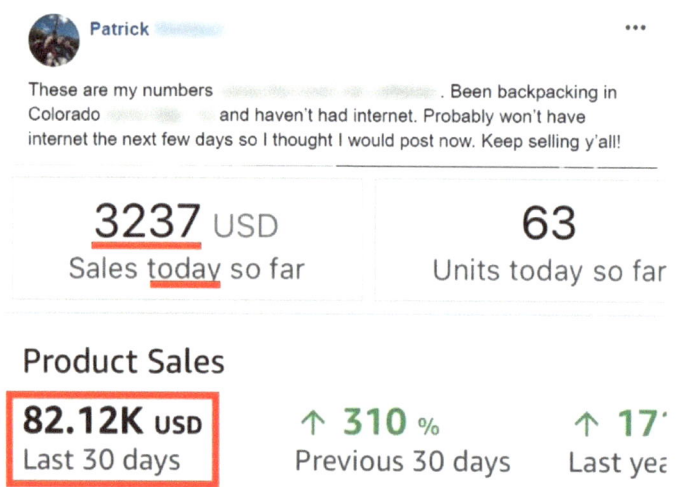

Patrick heeft voor meer dan $ 3.200 verkocht op één dag. Hij heeft voor $ 82.000 verkocht in één maand en reist nog steeds de wereld rond. Hij heeft een foto van zichzelf en zijn vriendin gepost. Hij geniet van het leven. En dit allemaal dankzij de methode die je nu gaat leren.

We gaan het in deze handleiding hebben over twee totaal verschillende methoden, maar ze gaan goed samen en naarmate we verder gaan, begrijp je wat ik bedoel. Ik ga nu een belofte doen waaraan je me kunt houden.

Laat me aan het eind van het boek weten of ik me eraan heb gehouden. Mijn grote belofte aan jou om hiermee te beginnen is dat deze twee methoden die je gaat zien de absoluut beste methoden zijn die je ooit hebt gezien om online geld te verdienen. Is dat een grote belofte of niet? Toch? Ik bedoel hiermee dat het percentage mensen dat hier geld mee verdient, enorm is.

Een groot percentage mensen die dit doet, heeft gigantische resultaten. Dus niet alleen het percentage mensen, maar ook de hoeveelheid geld die deze mensen verdienen is absoluut gigantisch. Vergelijk dat maar met de vaardigheden die je hiervoor nodig hebt. Je hoeft er ook niet veel tijd in te steken. Je gaat nooit meer iets zien dat hierbij in de buurt komt. Punt.

Vrienden en familie hebben me al gevraagd wat ik doe. Dit is exact wat ik ze heb laten zien. Dit is eigenlijk best gaaf.

Ik heb zelfs mijn vader laten zien hoe dit moet en hij heeft hier ook succes mee gehad. Dus niet alleen mijn vrienden en familie doen dit, ook mijn zakenpartner John en zijn vader doen dit. Dus als onze ouders ons vragen hoe ze extra geld online kunnen verdienen? Wat zou ik ze laten zien? Precies hetzelfde wat jij nu gaat zien.

RANDY QUIT HIS $65,000/YR JOB...WILL DO $1,000,000+ THIS YEAR

- **Spent 15 YEARS and TENS OF THOUSANDS of dollars on programs and training that didn't work**

In bovenstaande schermafbeelding zie je Randy. Hij heeft 15 jaar lang andere methoden geprobeerd en andere programma's gekocht. Hij heeft duizenden dollars uitgegeven aan zaken die niet werkten totdat hij is begonnen met hetgeen je nu gaat zien.

Hij heeft zijn baan waarmee hij $ 65.000 per jaar verdiende, opgezegd. Hij werkte in de IT. Hij is daarmee gestopt en doet dit nu fulltime en heeft meer dan $ 1 miljoen verdiend met wat je nu gaat zien.

Oké, we gaan je even geruststellen. Ik weet wat je denkt. Dit klinkt echt goed. We hebben geweldige resultaten gezien, maar kan ik het ook? Het antwoord is ja, absoluut. Iedereen kan dit.

Je hebt geen belangrijke technische kennis nodig en je hoeft geen marketingspecialist te zijn. We hebben alle obstakels die je normaal gesproken tegenkomt, al voor je weggehaald. Die zijn allemaal weg.

Wat heb ik nodig om te beginnen

Je hebt geen website nodig, geen aankooptrechters (funnels) of software daarvoor. Je hebt geen e-mailverkeer nodig. Er is eigenlijk geen marketing, geen verkeer nodig. Je hoeft geen advertenties te plaatsen, niets van dat alles.

Daarom is het slagingspercentage zo hoog. Al deze obstakels zijn weggenomen, dus daar hoef je je geen zorgen over te maken.

Je kunt het systematiseren en zelfs uitbesteden, en je kunt het overal ter wereld doen. Ik weet dat een van de vragen die mensen altijd hebben voordat ze iets proberen of een training volgen, is: kan ik het doen? Is het moeilijk?

Kan ik dit overal ter wereld doen

Ja. Dat kan zeker. We hebben aan mensen overal ter wereld laten zien hoe ze deze twee methoden kunnen doen. Dit is een voorbeeld.

Dit is Wilfred uit Nederland. Hij heeft hier al honderdduizenden dollars mee verdiend. Hij heeft $ 15.000 winst gemaakt in zijn eerste 6 weken en nu is hij onderweg naar een bedrag met zes cijfers.

We denken ook internationaal. We laten je zien dat je dit net zo goed kan doen als iemand in de Verenigde Staten. Dit gezegd hebbende, ben je klaar voor de eerste methode?

Methode 1 Overzicht

We gaan aan de slag met de eerste methode. De eerste methode heeft twee specifieke feiten die je goed moet begrijpen voordat we beginnen.

METHOD #1...UNDERSTAND TWO IMPORTANT FACTS

1 – Nearly ALL Amazon customers ONLY BUY PRIME (*FBA Products*)

2 – Amazon customers will pay WAY more for Prime products

Het eerste feit is dat meer dan 80% van de Amazon-klanten alleen producten koopt die in aanmerking komen voor Prime, dat zijn de producten die met een klein **Prime-**logo worden weergegeven.

METHOD #1...UNDERSTAND TWO IMPORTANT FACTS

1 – More than 80% of Amazon customers ONLY BUY PRIME eligible products (*FBA Offers*)

amazon*Prime*

Je ziet dit logo in bovenstaande schermafbeelding. Dus 80% van de klanten koopt alleen een product met dit kleine Prime-logo. Oftewel...

METHOD #1...UNDERSTAND TWO IMPORTANT FACTS

1 – More than 80% of Amazon customers HAVE NEVER PURCHASED a non-prime (*FBA Offer*)

amazon*Prime*

...80% van de Amazon-klanten heeft nog nooit iets gekocht dat geen Prime-aanbieding is. Dus de meeste Amazon-klanten kopen alleen maar iets met dat kleine Prime-logo.

Jij of iemand in je omgeving is vast Prime-lid. Of je nu in de Verenigde Staten woont of niet, dit betekent in feite dat je bent aangemeld bij een service van Amazon waarmee je een heleboel extraatjes krijgt, zoals gratis verzending in 2 dagen en een heleboel andere potentiële extraatjes.

Ik weet dat veel mensen net zoals ik het **Prime-filter** hebben aanstaan, wat betekent dat ze alleen Prime-producten zien.

Met het Prime-filter aan, zie je niet eens andere producten. Dat is het eerste feit. De meerderheid moet dat kleine Prime-logo zien voordat ze daadwerkelijk kopen.

Methode 2 Overzicht

Het tweede feit is...

METHOD #1...UNDERSTAND TWO IMPORTANT FACTS

2 - Amazon customers are willing to pay MUCH more for prime-eligible products - (*FBA Offers*)

amazon *Prime*

... dat Amazon-klanten bereid zijn veel meer te betalen als ze dat kleine Prime-logo zien.

Dat is belangrijk om te weten. De meeste mensen kopen alleen maar als ze Prime zien, en dan zijn ze ook bereid om meer te betalen. Oké, dit zijn twee belangrijke feiten.

Hoe krijgen producten dat kleine Prime-logo

Het volgende dat je moet weten is hoe producten dat kleine Prime-logo krijgen. Het komt erop neer waar dat product is.

DIFFERENCE BETWEEN NON-PRIME (MF) & PRIME (FBA)

- **Fulfilled By Amazon (*FBA*)** – product is being shipped from an Amazon warehouse (*have Prime symbol*)

- **Fulfilled By Merchant (*FBM*)** – product is being shipped from: home, business, non-amazon warehouse, etc. (*no prime symbol*)

Het kan op twee verschillende plaatsen zijn: het kan in het magazijn van Amazon zijn en dan krijgt het dat kleine logo, of het ligt niet in het magazijn van Amazon en dan krijgt het niet dat kleine logo.

Dat is het grote verschil of een aanbieding dat kleine Prime-logo krijgt of niet. Wanneer het dat kleine Prime-logo heeft, noemen we het **FBA** of *Fulfilled by Amazon* (verkocht en verzonden door Amazon). Dus elk product dat door Amazon wordt verkocht en verzonden, krijgt dat logo.

Dat betekent dus dat het in het magazijn van Amazon ligt. Zo niet, dan noemen we het **MF** of **MBF** of **Fulfilled by Merchant** (verkocht door externe verkoper). Dat betekent dat het product rechtstreeks van het huis, het bedrijf of het magazijn van de verkoper wordt verzonden.

Dus twee feiten, bijna alle Amazon-klanten kopen alleen Prime-producten als ze dat kleine logo zien, en ze zijn bereid hier meer voor te betalen.

Het genereren van opbrengst

> **THIS CREATES THE PERFECT...PROFIT STORM FOR YOU**
>
> - **Turn a Non-Prime, low-priced product**
> - **Into a Prime, high-priced product**

Op deze manier gaan we opbrengst voor onszelf genereren. Bovenstaande twee feiten zorgen voor een perfecte opbrengst voor ons. Dat doen we op deze manier...

Het enige wat we hoeven te doen is producten kopen die niet dat kleine Prime-logo hebben en ze veranderen in producten die wel het kleine Prime-logo hebben.

We kunnen deze producten zonder het Prime-logo veel goedkoper kopen en deze voor veel meer geld verkopen als we er producten van maken die wel het Prime-logo hebben.

Een specifiek voorbeeld

Ik zal een specifiek voorbeeld laten zien zodat het wat duidelijker wordt. Je moet misschien klikken op 'Alle koopopties zien' op Amazon om hetzelfde te zien als op onderstaande schermafbeelding.

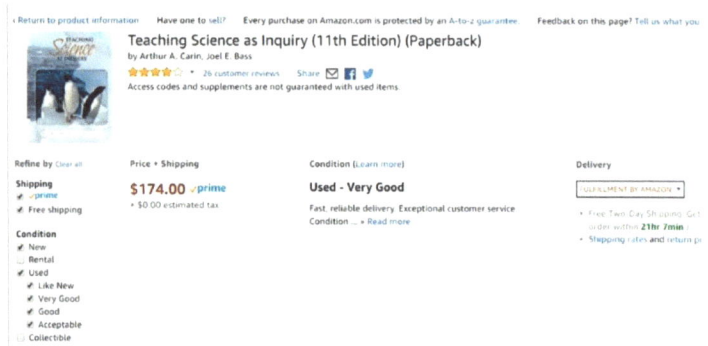

In bovenstaande schermafbeelding zie je een studieboek. We richten ons op studieboeken. Je zult zien waarom we dat doen. Je kunt het als Prime kopen voor $ 174, zoals je kunt zien.

Als je een typische klant bent, richt je je op Prime. Dus je kunt deze boeken kopen voor $ 174, prima. Toch? Je weet dat studieboeken nogal duur zijn. Als je hebt gestudeerd, dat weet je hoe duur die zijn.

Maar als je het **selectievakje met Prime uitzet**, en je kijkt naar de aanbiedingen zonder Prime, dan zie je dit:

Je kunt dit boek nu kopen voor $ 7 plus $ 4 verzendkosten. Dus we kunnen dit boek kopen voor $ 11,52 als het geen Prime-logo heeft.

We gaan nu het volgende doen. We kopen dit boek zonder Prime-logo voor $ 11,52. Zodra we het boek hebben, versturen we het naar een magazijn van Amazon en verkopen het FBA (Fulfillment by Amazon). Dit wordt **arbitrage** genoemd of het **snel doorverkopen** van boeken.

Weet je nog wat er gebeurt zodra het bij Amazon is?

We kunnen het verkopen (of snel doorverkopen) voor de Prime-prijs van $ 174.

We hebben dit studieboek gekocht, het van niet-prime naar prime gewijzigd, daarvan geprofiteerd en nadat alle kosten aan Amazon zijn betaald, zijn we klaar met dit boek. We hebben $ 130 winst gemaakt.

METHOD #1...EXAMPLE BOOK

Buy: $11.52
Sell: $174.00

(After ALL Fees)
Profit:
$130.85

Dit is de basis van methode één en we gaan er nog dieper op in. Oké, we gaan een niet-Prime-studieboek (niet FBA) kopen voor dit bepaalde voorbeeld tegen een lage prijs. Er zijn maar weinig mensen die deze methode zien en die ook uitvoeren.

Dit is wat mensen zoals Sue doen.

$50,019.06 *Part-Time*

Ze heeft al meer dan $ 50.000 verdiend, ze doet dit parttime en het is een verbazingwekkend verhaal. Haar man heeft een aantal maanden in het ziekenhuis gelegen en zij heeft dit in het ziekenhuis gedaan om geld te verdienen. Ze heeft meer dan $ 50.000 verdiend door boeken op deze manier snel door te verkopen.

Schermafbeelding met verkopen

Ik laat een paar verkopen zien die we hebben gedaan.

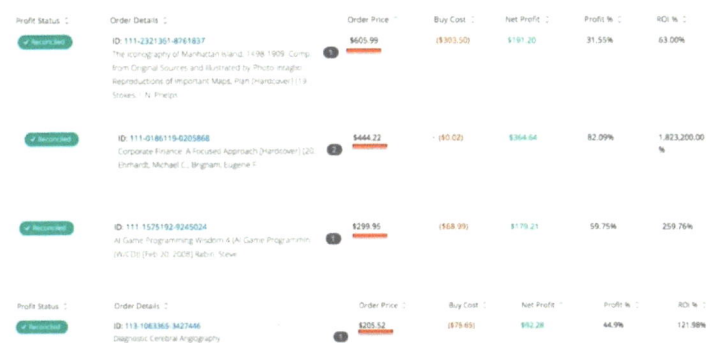

Zoals je in bovenstaande schermafbeelding kunt zien, hebben mensen betaald voor deze studieboeken en er goede deals voor gekregen. Dit zijn echt dure boeken als je aan het studeren bent.

Het is heel gewoon om dit soort dure boeken te zien en om boeken met die prijs te kunnen verkopen. Dat is nu eenmaal de prijs van studieboeken. Het duurt dus niet lang als je boeken verkoopt met zo'n hoge opbrengst en zo'n hoog bedrag om resultaat te behalen.

Net zoals Matthew heeft gedaan in onderstaande schermafbeelding:

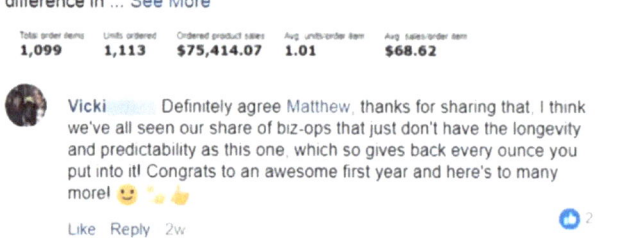

Je kunt zien dat hij voor meer dan $ 75.000 heeft verkocht, hij zit nu op $ 100.000. Matthew heeft kinderen. Hij is sportcoach en je kunt hier zien wat hij zei, hij heeft in de loop der jaren veel verschillende mogelijkheden geprobeerd, maar er is er niet één geweest die zo leuk was.

We gaan er wat dieper op in

Als je naar de actuele aanbiedingen voor dit boek kijkt, zie je dat we het goedkoopste boek kochten voor $ 7,30, maar er zitten ook boeken bij voor $ 20,90, $ 20,91, $ 20,94 enzovoort.

We weten dat we ze kunnen verkopen voor $ 174, dus waarom kopen we niet alle exemplaren als dat kan? Als we kijken naar de vermeldingen voor dit boek, zijn er twee pagina's met niet-prime-aanbiedingen.

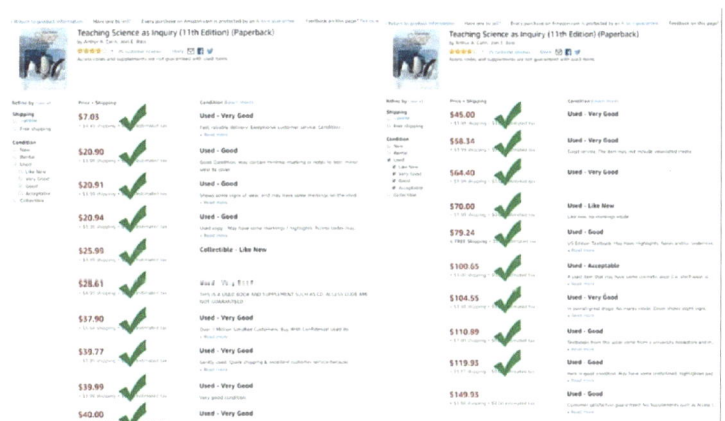

We kunnen deze allemaal met winst doorverkopen totdat we bij het laatste niet-prime-boeken komen (laatste vinkje in bovenstaande schermafbeelding). Die kost bijna 150 dollar. Dat levert niet genoeg winst op. Dus daar zijn we gestopt.

Als je al de boeken die we willen, optelt, kom je op 19 exemplaren die we kunnen doorverkopen. We hoeven het dus niet bij één exemplaar te houden. We kunnen meerdere exemplaren kopen.

Als we al deze 19 boeken kopen tegen de vermelde prijs, niet-FBA (niet-Prime), kost het ons ongeveer $ 1.100. Maar als we alle 19 verkopen, zijn onze inkomsten $ 3.300.

Na aftrek van alle kosten, is onze totale winst $ 1.626 voor dit ene boek. Heel eenvoudig.

Het enige wat we hebben gedaan is meerdere boeken van dit boek als niet-prime te kopen, het als prime te verkopen en we hebben $ 1.600 winst gemaakt op dit ene boek.

Dus nu snap je wel hoe mensen als Patrick aan $ 424.000 komen of voor $ 1 miljoen per jaar te verkopen. Je hebt niet veel van dit soort boeken nodig om veel geld te verdienen.

Dat is het basisconcept. Nu is de vraag, dit klinkt eenvoudig, maar hoe kom ik aan dit soort boeken?

Goedkope boeken zoeken om snel door te verkopen

Hoe kunnen we deze winstgevende boeken vinden zonder naar fysieke winkels te gaan?

Het is duidelijk dat we deze aanbiedingen online vinden, zoals ik al eerder heb gezegd. We gaan nu kijken hoe we dit soort boeken kunnen vinden.

We hebben hiervoor een snellere, winstgevender manier nodig. Als je mensen zoals wij ziet die $ 52.000 of meer verdienen in één maand, dan is het duidelijk dat we niet zomaar wat rondklikken (handmatig zoeken op de Amazon-website) totdat we een winstgevende deal vinden, toch?

We hebben daarvoor een betere manier. Wat je nu gaat lezen, is geweldig.

Onze software helpt om zeer snel winstgevende boeken te vinden

We hebben software gemaakt die sneller dan jij boeken zoekt, zelfs sneller dan gelijksoortige software online. Hier vind je de link naar onze website om toegang te krijgen tot onze software (http://bit.ly/2KxI66f).

De reden waarom je sommige mensen echt grote getallen binnen hebt zien halen, is dat we hen toegang hebben gegeven tot onze software en garanderen dat als ze actie ondernemen, ze minstens $ 10.000 per maand zullen verdienen of ongeveer $ 333 per dag.

Laten we kijken of we ons doel voor vandaag kunnen halen om die $ 10.000 per maand te halen. We gaan kijken hoe de software de boeken vindt.

Onderstaande schermafbeelding toont het dashboard van de software. Hier gebruiken we de software om winstgevende boeken te vinden. Hoe werkt het?

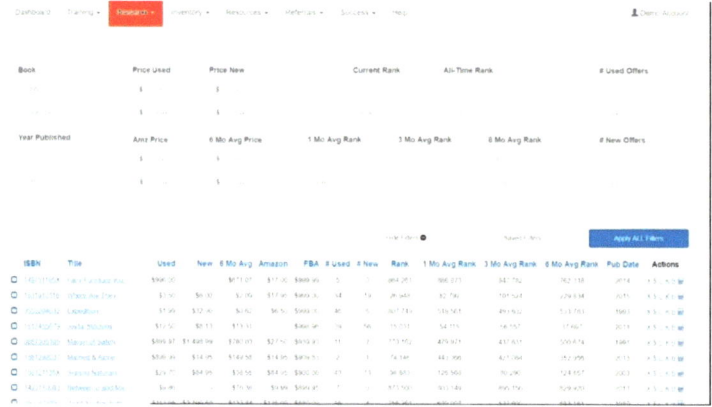

Hier vind je een link naar een demo-videotutorial (https://www.youtube.com/watch?v=pX0VR5wmZlg) die laat zien hoe we de software gebruiken om $ 333 per dag te genereren.

We hebben een enorme database met wel tien miljoen boeken die op Amazon staan en we slaan veel gegevens op over elk boek. Je gaat ermee aan de slag en stelt bepaalde criteria in.

Als je op de zoekknop klikt, gaat de software aan de slag en doet wat normaal gesproken uren zou duren, het komt automatisch terug met winstgevende boeken.

Het is heel krachtig en doet heel veel, maar ik wilde in een eenvoudige demo laten zien hoe snel je winst kunt behalen. We gaan dus proberen om $ 10.000 per maand of $ 333 per dag winst te maken.

Ik weet wat je nu denkt. Natuurlijk, maar zoeken we niet allemaal naar dezelfde boeken? Nee hoor. Ten eerste zijn we op dit moment met een klein team (juli 2019).

Ten tweede is dit een markt van wel 20 miljard. Het is absoluut onmogelijk dat één persoon al deze boeken kan kopen en alle winst opstrijkt. Ten derde, alle resultaten van de software zijn elke keer weer anders.

Dus al we na een paar uur dezelfde zoekopdracht uitvoeren, krijgen we andere boeken te zien. Vergeet niet hoe groot Amazon is. De mogelijkheden zijn gigantisch.

Maar dat is niet alles. Het wordt nog beter. Je denkt waarschijnlijk, dit klinkt goed, maar ik wil geen boeken verzenden of boeken openen en verpakken. Moet ik dat allemaal thuis doen?

Je hoeft geen boek te zien of aan te raken

YOU NEVER HAVE TO SEE OR TOUCH A SINGLE BOOK

Dit is het mooie eraan. Je hoeft met deze methode nooit een boek aan te raken.

Je kunt met een boekverwerkingscentrum in zee gaan dat de boeken voor je ontvangt, opent en inspecteert, opnieuw verpakt en naar Amazon of een andere bestemming verzendt, vanwaar je ze verkoopt, zodat je geen enkel boek hoeft aan te raken.

In feite koop je het boek, verzendt het naar een verwerkingscentrum, zij doen al het werk en versturen het voor je. Als je de service gebruikt die we aanbevelen, brengen ze ongeveer $ 1 tot $ 2 per boek in rekening, dat is alles.

Je hoeft geen boek aan te raken, niets van dat alles. Het is geautomatiseerd. Als je in het buitenland zit, vraag je jezelf waarschijnlijk af hoe je een boek kunt kopen, het verstuurt vanaf Australië of Engeland naar Amerika, of waar je ook bent, en dan weer terug?

Dat is allemaal niet nodig. Je moet het gewoon naar het **verwerkingscentrum** sturen.

BOOK PROCESSING OUTSOURCED...

- We work with several prep services that will:
  - Receive your books
  - Open and Inspect
  - Repackage
  - Ship to Amazon or any other destination

Daar wordt alles afgehandeld. Het feit dat je geen boek hoeft aan te raken is een groot voordeel van deze methode. We gaan nog een stapje verder. Het wordt nog beter.

Je kunt de hele methode uitbesteden

THE OPPORTUNITY...

- Once you have your system down...
- You can outsource the entire method
- Hands-off, passive income

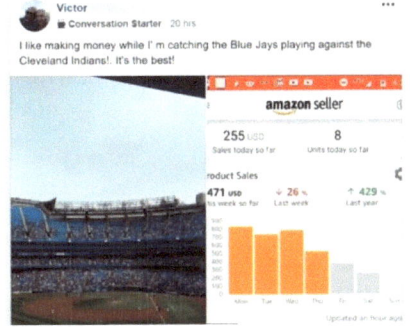

Kijk maar naar Victor in bovenstaande schermafbeelding. Hij zegt dat als je eenmaal het systeem hebt ingericht, je de hele methode kunt uitbesteden voor een passief inkomen zonder je handen te gebruiken.

Victor zegt verder dat hij graag geld verdient als hij de Blue Jays tegen de Cleveland Indians ziet spelen. Het is het beste. Je kunt zien dat hij die dag al $ 255 heeft verdiend terwijl hij naar de wedstrijd keek, omdat hij alles heeft uitbesteed. Dat is best gaaf.

Nog een voorbeeld waarbij je winst op een boek kunt maken

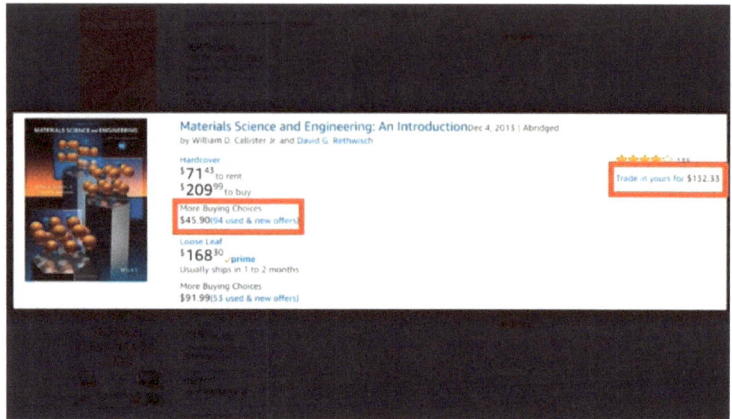

Bovenstaande schermafbeelding toont een andere mogelijkheid met boeken. Zie je iets op de schermafbeelding voor je?

Ik zoomde in en keek naar dit specifieke boek. Ik zag dat we dit boek konden kopen voor $ 45,90. Aan de rechterkant zie je dat je jouw exemplaar kunt inruilen voor $ 132.

Met andere woorden, we kunnen het inruilen voor $ 132 als we het boek kopen voor $ 45 inclusief verzendkosten. We sturen het boek naar Amazon en zij betalen ons $ 132. Volgens mijn berekening verdienen we dus $ 86,43 op dit boek door het gewoon in te ruilen.

Laten we dit even uit elkaar halen, want ik weet dat het gek klinkt. Wat exact gaan we doen met deze tweede methode? We kopen een studieboek bij een externe verkoper op Amazon.

METHOD #2 OVERVIEW...

- Buy a textbook from a 3rd-party seller on Amazon
- Trade that textbook in to Amazon at a higher price through Amazon's trade-in program (Amazon pays for shipping)
- Get paid instantly
- Pocket the difference

Denk eraan, we kopen niet rechtstreeks van Amazon. We kopen het van iemand die het boek te koop heeft gezet op Amazon, of het nu een particulier is, een boekenwinkel of iets anders.

We kopen dus een studieboek bij een externe verkoper op Amazon. We ontvangen het boek, en dan verkopen en verzenden we het naar Amazon via hun inruilprogramma voor een hogere prijs.

Het mooiste is nog dat Amazon de verzendkosten betaalt. Ze geven ons een gratis **verpakkingslabel en pakbon om uit te printen** als we het naar hun versturen. Je ziet een voorbeeld in onderstaande schermafbeelding.

We kopen dus een studieboek bij een externe verkoper tegen een lage prijs. We ontvangen het, plakken het voorgefrankeerde label van Amazon erop en verzenden het naar hen via hun inruilprogramma.

We krijgen **onmiddellijk betaald** en we steken het verschil in onze zak. Dat is alles. Toch?

Het is een soort addertje in het gras door gewoon naar twee getallen te kijken en ervan te profiteren.

Dit is een voorbeeld van hoe makkelijk het is. Er is een meisje van 10 jaar dat dit doet.

10-YEAR OLD LITTLE GIRL – MAKING BIG PROFITS...

✅ 10-year old girl making big money!!!

Haar vader was zo aardig om deze foto naar ons te sturen. Dat is ze, ze zit aan de keukentafel gewoon winst te maken van de mogelijkheden om in te ruilen.

Een methode waarbij je bijna geen risico loopt

NEARLY ZERO-RISK METHOD

Bij deze methode loop je bijna geen risico. Ik zal je laten zien wat ik bedoel. Hoe weet je of een boek winstgevend is voordat je het koopt?

Bij de andere methode moet je het boek kopen en je weet vrijwel zeker dat het winstgevend is als je het verkoopt. Bij deze methode weet je zeker dat het winstgevend is voordat je het koopt, want het is een feit, in dit voorbeeld kunnen we dit boek kopen voor $ 45,90 en inruilen voor $ 132.

We hoeven niet eens geld te investeren of onze portemonnee te trekken, want het is een feit dat we winst gaan maken. Dat is heel krachtig.

Hoe vaak weet je dat als je iets koopt voor $ 45 en ik zeg je dat het onmiddellijk $ 132 waard is? Zou je dat gelijk doen? Ik durf erom te wedden dat je het zo vaak gaat doen als je kan. Dat is de kracht van deze methode.

Wat als de handelsprijzen op en neer gaan

THE OPPORTUNITY...

- **Not a problem for us**
- **Amazon locks in our trade-in price for a full 25 days!**
- **Even if the trade-in offer price goes down, Amazon will still honor our higher trade-in**

Ik weet wat je denkt. Het klinkt erg goed, maar er is een probleem. Wat als ik een boek koop en de prijs keldert voordat ik het boek naar Amazon kan sturen?

In het laatste voorbeeld kocht ik het voor $ 45 maar in plaats van $ 130 kan Amazon de inruilprijs wijzigen naar $ 20. Betekent dit dat ik dan verlies maak?

Nee hoor. Want weet je, die dalende inruilprijs is geen probleem voor ons want Amazon zet de inruilprijs 25 dagen voor ons vast.

Snap je? We hebben 25 dagen de tijd om het te versturen of het door UPS te laten scannen. Dus zelfs als de prijs naar beneden gaat nadat we de inruil hebben geclaimd, maakt het niet uit wanneer ze ons boek krijgen.

Ze geven ons nog steeds de hogere inruilprijs die we in de eerste instantie kregen. Dat is echt gaaf. Onze inruilprijzen staan vast. Daarom is dit ook een ongelooflijke methode.

Wat als ik een boek koop en de prijs stijgt voordat ik het boek naar Amazon kan sturen?

THE OPPORTUNITY...

- **We really can't lose!!!**
- **If the trade-in price goes up...**
- **We simply cancel our current trade-in at no cost and claim the higher price!**
- **If trade-in price goes down, we keep our old price. If trade-in price goes up, we claim the higher price. We win no matter what!**

Wacht, het wordt nog beter. Wat als het andersom gebeurt? We maken echt geen verlies als de inruilprijs omhooggaat. We kunnen eenvoudig onze huidige inruil annuleren, een nieuwe claimen tegen de hogere prijs en zo de extra winst binnenhalen.

Geen boete, dus geen probleem. Het maakt **niet uit dat de prijs naar beneden gaat.** Die hebben we vastgezet. **Als de prijs omhooggaat, annuleren we en claimen we de nieuwe prijs.** Het is dus een win-winsituatie. We lijden geen verlies, of de prijs nu omhoog- of omlaaggaat.

Zoals je in bovenstaande schermafbeelding kunt zien, kunnen we meer dan één exemplaar van hetzelfde boek kopen en deze inruilen.

Het is te mooi om waar te zijn, waarom doet Amazon dit

Ik weet precies wat je nu denkt. Dit is ongelooflijk, maar wacht even. Het is bijna te mooi om waar te zijn. Waarom doet Amazon dit? Dit is niet echt logisch. Waarom laat Amazon dit gebeuren?

Denk aan wat ik al eerder opperde. **Amazon is slechts een tussenpersoon.**

We kopen niet rechtstreeks van Amazon. We kopen het van iemand die het op Amazon heeft geplaatst om te verkopen. Amazon vindt het wel goed, want elke keer als we iets kopen, krijgt Amazon provisie van de verkoper.

Amazon zelf verkoopt het niet. We kopen het van iemand anders via Amazon. En zij zijn ook niet de uiteindelijke koper. Ze hebben al een boekhandelaar die hen meer betaalt dan wat ze jou betalen voor het inruilen.

Dus als ze je $ 100 bieden om in te ruilen, verkopen ze het misschien wel voor $ 120 of zo. Ze verdienen geld als je het koopt, want zij zijn niet de verkoper, en ze verdienen ook geld aan de andere kant.

We vinden zelfs goedkopere boeken buiten Amazon

Amazon is niet altijd de meest winstgevende website. Ik wil alleen maar zeggen dat we vaak goedkopere boeken vinden buiten Amazon om of in andere winkels.

Het maakt Amazon niet uit waar je de boeken vandaan hebt, of je ze nu van school hebt of dat je ze in een plaatselijke winkel hebt gevonden of via een andere website hebt gekocht.

We vinden gewoon vaak goedkopere boeken buiten Amazon om. We kunnen met zoeken beginnen bij andere boekverkopers zoals Textbooks.com, Powell.com/used, Half Price Books (https://www.hpb.com/home) en nog veel meer plekken waar ze boeken verkopen.

Maar we kunnen zelfs nog een stap verder gaan. We kunnen niet alleen plekken vinden waar we de boeken goedkoper kunnen kopen dan bij Amazon, vaak vinden we ook andere boekenwebsites die bereid zijn om ons een hogere inruilwaarde te betalen dan Amazon.

Je kunt ook ergens anders boeken inruilen

Het is soms buiten Amazon om goedkoper en we kunnen ook inruilen op andere plekken die ons meer betalen dan Amazon. Er zijn honderden andere boekenverkopers.

Ik laat je een specifiek voorbeeld zien van iemand als Jennifer en andere moeders die thuisblijven.

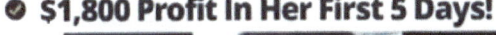

Ze heeft $ 1800 winst gemaakt tijdens de eerste 5 dagen dat ze bezig was met inruilen, en het meeste was buiten Amazon om. Amazon is geweldig, maar deze methode kan ook buiten Amazon worden gebruikt.

Hoe krijgen we betaald voor onze inruil

Ik weet wat je gaat zeggen. Wacht, ik heb naar inruilen gekeken en ik heb het addertje onder het gras gevonden. Aha. Ik wist dat het te mooi was om waar te zijn. Amazon betaalt uit in cadeaubonnen.

THE CATCH???

- **Amazon pays you in gift card credits...aha the catch!!!???**
- **Amazon is the ONLY website that pays in gift card credits**
- **ALL other sites pay in cash (which will be the majority of your trade-ins)**

Amazon geeft ons cadeaubonnen. Dat is het addertje. Het is onmogelijk om $ 500.000 aan cadeaubonnen uit te geven, toch?

Dit zijn de feiten. Er zijn een paar zaken die je moet begrijpen. Eén is **dat Amazon de enige website is die in cadeaubonnen uitbetaalt.**

Denk aan al die andere websites, zoals diegene die Jennifer gebruikt. Al deze andere websites betalen in geld uit. Amazon is de enige die uitbetaalt in cadeaubonnen, maar daar hoef je niet het merendeel in te ruilen, dus dat maakt niet uit.

Je hoeft niet bij Amazon in te ruilen als je dat niet wilt, maar toch kun je veel geld verdienen.

Maar uiteindelijk wil je wel in cadeaubonnen worden uitbetaald. Dit is waarom.

THE CATCH???

- **We WANT to get paid in credits**
- **Easily convert that credit into cold hard cash and profit while doing it**
- **Massive tax benefits**
- **This is an absolutely HUGE benefit**

We kunnen cadeaubonnen heel gemakkelijk omwisselen voor geld en winst blijven maken terwijl we dat doen. Dat heeft ook enorme belastingvoordelen. Het heeft absoluut veel voordeel dat Amazon ons op die manier uitbetaalt.

Maar hoe kun je Amazon-cadeaubonnen omwisselen en daar winst mee maken?

Hoe wissel je Amazon-cadeaubonnen om voor geld

Kijk hier maar eens naar. Dit is echt gaaf.

CONVERTING GIFT CARDS TO CASH...

- Use the credit to purchase books for resell – when sold Amazon pays you cash
- Use the credit to purchase books on Amazon that you trade in to 3rd parties for profit
- Avoid trading in to Amazon completely and only trade books into 3rd party sites

Om deze cadeaubonnen om te wisselen voor geld, gebruiken we de bonnen om meer boeken te kopen op Amazon.

Met andere woorden, we gebruik het cadeaubonsaldo en verkopen deze boeken volgens methode 1 op Amazon. En als je boeken verkoopt op Amazon, krijg je in gewoon geld uitbetaald. Snap je? Dat is de eerste manier.

Een andere manier is om met de cadeaubonnen van Amazon opnieuw boeken te kopen, maar *deze in te ruilen bij externe verkopers,* die contant betalen.

De derde manier is om helemaal niet bij Amazon in te ruilen. Je gebruikt alleen externe verkopers omdat die met contant geld betalen. **Dus het addertje kan juist een groot voordeel zijn.**

Hoe vinden we boeken om in te ruilen

We gaan natuurlijk niet op Amazon pagina na pagina bekijken en dan naar externe verkopers om weer pagina na pagina te bekijken. Nee.

De oplossing is onze software die deze inruildeals voor je vindt (https://zenarbitrage.grsm.io/ojula). Ik laat je zien hoe je onze software kunt gebruiken om die ongelooflijke aantallen te halen die je bij de anderen ziet. Maar ik geef je andere software.

Hier is een link naar andere software (met een proefversie van 21 dagen en videotutorials) (https://eflip.co/#get-started-form) waarmee je winstgevende deals kunt vinden. Er is nog meer software.

Er zijn een aantal browserextensies zoals **TextTrader** (https://jvz8.com/c/1092163/303337) die je zelf in je **Chrome-browser** kunt installeren om winstgevende deals te zoeken. Zoek ze via Google en installeer ze.

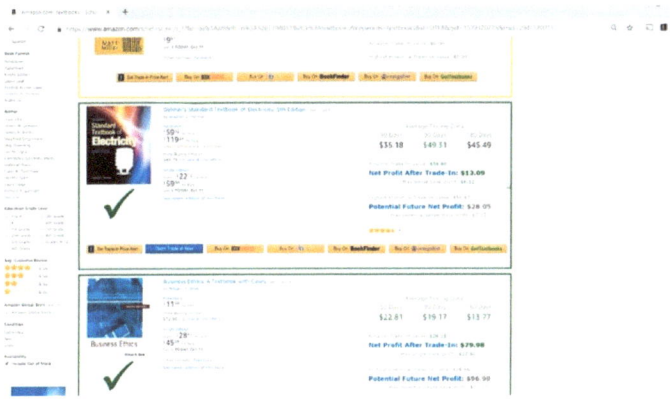

Het analyseert alle winstgevende boeken. Het verbergt de boeken waarop je geen winst kunt maken gebaseerd op bepaalde voorwaarden die we in hebben gesteld.

Hier is de link naar een [videotutorial over hoe je boeken om snel door te verkopen kunt vinden op Amazon](https://www.youtube.com/watch?v=iI0ho9VSp3U) (https://www.youtube.com/watch?v=iI0ho9VSp3U).

Het geeft ons de totalen voor mogelijke winst. Het doet een aantal zaken voor ons. Het laat je andere websites zien waar je boeken kunt kopen, mogelijk nog goedkoper.

Hoe kun je je bij ons aansluiten

Zoals je kunt zien is het nog nooit gemakkelijker geweest om passief inkomen te genereren door boeken op Amazon en andere plekken snel door te verkopen. Ik heb je genoeg gegevens verstrekt om het zelf te doen.

Je kunt [je aansluiten bij onze community](https://bit.ly/41Bq8Wr) (https://bit.ly/41Bq8Wr) om te leren hoe je meer winst kunt maken door andere software te gebruiken. We leren je hoe je een professionele boekenverkoper kunt worden. Ik beloof je dat je met onze training veel geld gaat verdienen in de eerste dagen net zoals veel anderen die je zijn voorgegaan.

We hebben een gesloten Facebook-groep die alleen voor leden is, een privégroep waarbij je je kunt aansluiten. Onze groep is geweldig. Iedereen is zo behulpzaam. Je kunt beginnen met iets fantastisch.

In onze community verdient men meer dan 1 miljoen dollar met de methoden die in dit boek zijn uitgelegd. Dus als je nog vragen hebt, of je loopt ergens tegenaan, onze community kan je altijd weer verder helpen.

We hebben een maand geleden 80 klanten gevraagd. Ze zeiden allemaal dat onze Facebook-groep favoriet was waar ze het meeste aan hadden. We zijn echt geweldig.

Je kunt me altijd een e-mail sturen als je verdere hulp nodig hebt of voor eventuele vragen. Ik antwoord altijd binnen 12 tot 24 uur. Dat beloof ik.

Bolakale Aremu

ABPUBLISHERLLC@gmail.com

www.ingramcontent.com/pod-product-compliance
Lightning Source LLC
Chambersburg PA
CBHW040328220526
45473CB00009B/2602